Frank und Katrin Hecker

BLUMEN

entdecken & erforschen

Ulmer

Naturführer für Kinder

Hallo, lieber Blumenfreund
und liebe Blumenfreundin,

ich bin **Felix, der schlaue Fuchs**. Bestimmt ist es dir schon oft passiert, dass du eine hübsche Blume entdeckst, die du nicht kennst. Oft wissen auch die Erwachsenen nichts über sie und können dir nicht weiterhelfen. Dabei ist es immer spannend, über die Pflanzen um uns herum Bescheid zu wissen!

In diesem Buch zeige ich dir, wie du herausfinden kannst, welche Blume du vor dir hast. Dann geht der Spaß erst richtig los. Denn obendrein verrate ich dir viele Rezepte, Basteltipps und Naturwunder rund um deine Blume.

Und nun viel Spaß beim Stöbern und Bestimmen!

Blumenforscher-Wissen

Von der Wurzel bis zur Blüte

Blumen sind lebenswichtig Die indianischen Völker betrachten Pflanzen als heilig, da sie Vermittler zwischen Himmel und Erde sind: Aus der Erde ziehen sie Nährstoffe und Wasser, mit ihren Stängeln und Blättern weilen sie unter uns Menschen und ihre Blüten recken sie hoch ans Licht, zur Sonne, dem Himmel entgegen.

Ob heilig oder nicht, ohne Pflanzen könnten wir Menschen nicht überleben. Manche von ihnen liefern wichtige Arzneimittel, andere wie der Weizen sorgen dafür, dass wir Brot zu essen haben. Außerdem sind viele Pflanzen für Tiere eine wichtige Nahrungsquelle. Ohne diese vielen grünen Lebewesen könnte keine Kuh überleben, es gäbe keine Schmetterlinge und Bienen – und auch keinen Honig.

Warum gibt es Blüten?
Fast alles in der Natur hat seinen Nutzen: Wenn du dir eine Blüte von ganz Nahem anschaust, siehst du, dass sie aus viel mehr besteht, als nur aus den großen, bunten Blütenblättern!

Im Inneren jeder Blüte findest du viele kleine

Es gibt viele verschiedene Blütenformen und -farben.

Übrigens: Nicht jede Blüte ist so aufgebaut, es gibt auch interessante Ausnahmen (Seite 84)!

Staubbeutel: Das sind die männlichen Geschlechtsorgane, in denen winzige Pollenkörner heranreifen. Genau in der Mitte der Blüte sitzt das weibliche Geschlechtsorgan – der **Fruchtknoten** mit Griffel und Narbe. Gelangt männlicher Pollen auf den weiblichen Fruchtknoten, so wachsen darin die Samen der Blume heran.

Die Blüte dient also der Vermehrung: Aus jedem Samenkörnchen kann eine neue Blume heranwachsen.

Wozu ist die Wurzel da? Mit der Wurzel hält sich eine Blume im Boden fest. Die Wurzel kann aber noch mehr: Sie saugt Wasser und Nährstoffe aus der Erde, die jede Pflanze zum Wachsen braucht.

Manche Blumen wie der Löwenzahn haben lange, tief in die Erde reichende Pfahlwurzeln. Damit können sie auch bei Trockenheit wertvolles Wasser tief aus der Erde ziehen. Dicke Wurzelknollen wie bei der Seerose (Seite 32) können im Sommer viele Nährstoffe speichern, die im nächsten Frühjahr gebraucht werden.

Wozu brauchen Pflanzen Blätter? Ihre wichtigste Aufgabe ist es, das Sonnenlicht und die Luft einzufangen! Denn aus den 4 Zutaten – Nährsalze, Wasser, Sonnenlicht und Luft – stellt die Pflanze wertvollen Zucker her, den sie zum Wachsen und Blühen braucht.

Das geschieht in kleinen Mini-Kraftwerken in den Blättern, die man mit bloßem Auge nicht sehen kann. Diese Kraftwerke nennen Wissenschaftler **Blattgrün** oder **Chlorophyll** und den Vorgang, bei dem der Zucker entsteht, heißt **Fotosynthese**.

Welche Aufgabe hat dann der Stängel? Der Stängel einer Pflanze transportiert das Wasser und die Nährstoffe aus dem Boden hoch in die Blätter, damit der Zucker hergestellt werden kann. Diesen schafft er dann an die Stellen, wo Zucker zum Wachsen gebraucht oder gespeichert wird.

Mit Pollen eingepudert ...

Warum fliegen Insekten auf Blüten?

Bestimmt hast du schon einmal einen Schmetterling, eine Hummel oder einen Käfer auf einer Blüte landen sehen. Aber was suchen all diese Insekten auf der Blume?

Lecker, lecker! Insekten finden in der Blüte feine Nahrung! Die winzigen Pollenkörnchen sind sehr nahrhaft und besonders bei Bienen beliebt. Diese sammeln ganze Pollenpakete und tragen den Pollen als Nahrungsvorrat in ihren Bienenstock.

Viele Blüten bieten Insekten auch süßen Nektar an. Du kannst beobachten, wie Schmetterlinge ihren langen Rüssel tief in Blüten stecken, um an den Saft zu gelangen. Auch Hummeln und Bienen bedienen sich gerne. Aber warum sind die Blüten so nett zu den Insekten?

Kostenlose Taxis Die Blüten bieten den Insekten all diese Leckereien, weil die Tierchen etwas für sie tun sollen!

Doch das merken die Tiere gar nicht, so beschäftigt sind sie mit dem Naschen und Schlecken.

Während sie in der Blüte herumkrabbeln, bleibt immer etwas von den klebrigen, feinen Pollenkörnchen im Pelz der Insekten hängen. Wenn sie nun zur nächsten Blüte fliegen, bringen sie diesen Pollen mit. Der männliche Pollen gelangt zum weiblichen Fruchtknoten und nun können darin die Samen heranreifen. Man sagt, die Insekten bestäuben die Blumen. Ohne Insekten könnten viele Blumen gar keine Samen ausbilden!

Ganz viel Werbung Blumen, die für die Bestäubung Insekten brauchen, geben sich richtig Mühe, die Tierchen anzulocken. Nur deshalb tragen viele Blumen so schöne, große und bunte Blütenblätter. Sie sind nur Werbung, die den Insekten zeigen soll: „Kommt her! Hier gibt es viel zu naschen!“ Auch die süßen Düfte sind nur dazu da, Insekten herbeizulocken.

Kannst du dir denken, warum viele Bäume und auch Gräser überhaupt keine hübschen, bunten Blüten tragen? Genau, sie brauchen keine Insekten zur Bestäubung! Sie stellen Millionen winzig kleiner, superleichter Pollenkörnchen her, die einfach mit dem Wind zum nächsten Busch oder Gras verweht werden.

Wegweiser für Insekten In vielen Blüten wie bei der Wilden Malve (Seite 57) findest du auf den bunten Blütenblättern noch zusätzlich hübsche Muster in Form von Pünktchen oder Streifen. Das sind extra Wegweiser für Insekten! Damit zeigt ihnen die Blume den Weg zum Nektar – vorbei am Pollen, den das Insekt dann für umsonst zur nächsten Blüte tragen soll.

Kletten kletten an Mensch und Tier.

Können Blumen wandern?

Natürlich nicht die einzelne Blume, aber deren Samen! Manche wandern nur kurze Strecken, andere können richtig weit fliegen. So kommt es, dass Blumen auch dort wachsen, wo kein Mensch sie ausgesät hat: auf frisch umgebrochenen Äckern, an Wegrändern oder auch auf Sandhaufen.

Fantastische Fallschirme Vielleicht hast du selbst schon eine Blume auf Reisen geschickt: Jedes Mal, wenn du kräftig in eine Pusteblume bläst, wurden die Schirmchen mit den daran hängenden Samen ausgebreitet. Bei kräftigem Wind schaffen es die Mini-Fallschirme oft kilometerweit! Landen sie auf einem passenden Platz, so können sie hier zu einer neuen Pflanze heranwachsen.

Kleben und Kletten Wer keinen Fallschirm zum Fliegen hat, der muss einen anderen Trick anwenden. Blumen wie die Klette statten ihre Samen mit lauter Widerhaken aus.

Die funktionieren wie ein Klettverschluss. Kommt ein Tier vorbei, bleibt die Klettfrucht an seinem Fell hängen. Wo das Tier sich durch Putzen von der lästigen Klette befreit, da kann der Same keimen.

Ameisen als Freunde? Warum nicht! Das Veilchen hat Samen mit weichen Anhängseln, die Ameisen gerne fressen. So schleppen sie die Samen fort, futtern das „Ameisenbrötchen" ab und lassen den Samen selbst liegen. So kann an dieser Stelle ein neues Veilchen wachsen.

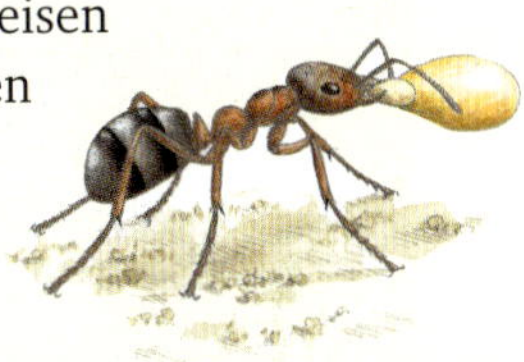

... und Pfefferstreuer Wenn der Klatsch-Mohn verblüht ist, wächst sein Fruchtknoten zu einer hübschen Kapsel heran. Ist sie ganz reif und du schüttelst sie, dann hörst du es darin rasseln. Das sind die Mohn-Samen. Streift ein Tier daran vorbei oder schüttelt ein kräftiger Wind die Kapsel, so werden die Samenkörner ausgestreut wie von einem Pfefferstreuer.

Gefressen und doch wieder da!
Viele Pflanzen haben sich einen ganz unglaublichen Trick ausgedacht: Sie packen ihre Samen in eine saftige und unwiderstehliche Frucht. Wenn nun ein Vogel oder ein Fuchs die Frucht nascht, dann scheidet er die Samen wieder völlig unversehrt aus – versehen mit einer guten Portion Dünger! Welche wilden Früchte fallen dir ein? Es gibt ganz schön viele!

Aufgepasst!
Viele Früchte, die Tiere gut vertragen, sind für uns Menschen sehr giftig!

Märzenbecher

Kleine Ausreißer

In Gärten findest du Blumen, die in unserer Natur gar nicht oder nur selten vorkommen. Viele dieser Blumen sind entweder ursprünglich in fremden Ländern zuhause oder der Mensch hat sie gezüchtet. Die meisten Gartenblumen können in freier Natur nicht überleben und werden von den heimischen Pflanzen schnell überwuchert. Manche, wie das Indische Springkraut (Seite 69), schaffen es aber doch und sind sogar stärker als die heimischen Blumen.

Besonders im Frühjahr, wenn alles noch ganz kahl ist, fallen dir in Parks und an Wegrändern bestimmt die bunten Frühblüher wie Krokus und Schneeglöckchen auf. Manche davon sind kleine Ausreißer, die sich von den Gärten aus auch in freier Natur angesiedelt haben.

Schneeglöckchen Noch ehe der Schnee geschmolzen ist, strecken die Schneeglöckchen ihre weißen Blütenköpfchen hervor. Sie sind unsere allerersten Frühlingsboten und werden deshalb gern in Gärten gepflanzt. Doch bis der Frühling wirklich kommt, dauert es noch ein bisschen: Schneeglöckchen macht auch ein Nachtfrost nichts aus!

Krokus Krokusse sind eigentlich auf Bergwiesen zuhause. Bei uns sind manche Rasen in Parks im März richtig lila und gelb getupft. Krokusse wachsen aus kleinen Zwiebeln, die der Mensch im Herbst in die Erde steckt. Ihre Blüten locken die ersten Insekten zum Naschen herbei: Meist sind das die kälteunempfindlichen Hummeln mit ihrem dicken Pelz.

Narzisse Ein anderer Name für die Narzisse ist auch Osterglocke – denn ihre schönen Blütenglocken öffnet die Narzisse pünktlich zum Osterfest. Sie ist eine der beliebtesten Frühlings-Gartenblumen überhaupt und es gibt Tausende verschiedener Sorten. Manche sind nur 5 cm klein, andere werden bis 80 cm hoch.

Tulpe Die meisten Tulpen kommen ursprünglich aus Nordafrika und aus Asien. Es gibt auch kleine heimische Wildtulpen. Die sind aber eher selten. Gartentulpen sind meist 30–70 cm groß und blühen rot, gelb, orange oder weiß.

Märzenbecher Der Märzenbecher heißt so, weil seine weißen, nickenden Blüten aussehen wie kleine Becher. Schon Anfang März blüht er – also direkt nach den Schneeglöckchen. Mit seinem süßen, veilchenartigen Duft lockt er Hummeln und Schmetterlinge an.

So findest du deine Blume im Buch

Was dir zuerst auffällt, wenn du eine Blume siehst, ist bestimmt die Farbe ihrer Blüte. Damit du deine Blume schnell im Buch findest, sind alle nach **Blütenfarben** sortiert.

Neben der Farbe ist die **Form** der Blüte ein wichtiges Erkennungsmerkmal. Deshalb findest du im Farbbalken immer das Zeichen für die Blütenform.

Wie groß ist die Blume? Ihre **Größe** ist beim Bestimmen ebenfalls ausschlaggebend. Deshalb ist bei jeder Blume auch ihre Größe in Zentimetern angegeben.

Wann blüht die Blume? Das bunte Jahresrad zeigt dir, welche Monate zu ihrer Blütezeit gehören.

Felix, der schlaue Fuchs, verrät dir noch mehr: Er weiß allerlei Geheimnisse und Tipps zu jeder Blume. Vielleicht kannst du ihre Heilkräfte nutzen oder aus ihr einen leckeren Brotbelag machen!

Achtung, giftig! **WICHTIG!** Iss niemals Pflanzen oder Teile davon, ohne vorher einen Erwachsenen zu fragen! Manche Pflanzen sehen harmlos aus und sind doch hochgiftig! Dieses Giftsymbol sagt dir: Achtung, giftige Pflanze!

Blumen bestimmen

50–150 cm

Kletten-Labkraut

Typisch Fühlt sich klebrig an – klebt aber gar nicht!

Schwarzfahrer Der klebrige Eindruck rührt von unzähligen, hakigen Borstenhärchen, mit denen die ganze Pflanze besetzt ist. Die benötigt sie, um sich an anderen Pflanzen emporzuhangeln. Ihr eigener Stängel ist hierfür zu schwach, er kann sich von allein nicht aufrecht halten. Auch die Früchte tragen solche Borstenhaare. Damit haften sie an Socken und Tierfell und lassen sich für umsonst an einen anderen Ort transportieren.

Krone der Wiesenkönigin

Aus dem Kletten-Labkraut kannst du dir leicht eine schöne Krone zaubern: Winde einige Klebkraut-Stängel zu einem Kranz – er hält ganz von selbst. Hier hinein steckst du weitere, hübsche Sommerblumen. Fertig ist deine Blütenkrone!

Auch deine Socken dienen als Samen-Taxi.

Waldmeister

Typisch 6–8 Blätter stehen rings um den kantigen Stängel.

Mmm, Maibowle! Waldmeister ist der Geschmacksgeber in jeder Maibowle. Pflücke 3–4 Stängel Waldmeister vor der Blütezeit und lasse sie kurz anwelken. Hänge das Sträußchen nur wenige Minuten in ein Gemisch aus Apfelsaft und Mineralwasser. Nimm den Waldmeister wieder aus deiner Bowle heraus, sonst wird sie bitter. Außerdem kann zu viel Waldmeister Kopfweh verursachen!

Waldmeister gehört in jede Maibowle.

Meister gegen Motten

Trockne ein Sträußchen Waldmeister und gib die Blätter auf ein rundes Stückchen Stoff, das du anschließend oben fest zusammenbindest. In den Schrank gelegt verströmt das Duftsäckchen einen angenehmen Duft, der auch Motten fernhalten soll.

5–50 cm

Hirtentäschel

Typisch Trägt gleichzeitig Blüten und die charakteristischen, herzförmigen Früchte.

Das übersehene Kräutlein Dünn und unscheinbar wächst das Hirtentäschel an Wegrändern und wird meist einfach übersehen. Dabei sind seine „Täschle" richtig hübsch anzusehen. Seine Blätter wachsen alle unten am Boden in einer kleinen Blattrosette, ähnlich wie beim Löwenzahn. Das Hirtentäschel blüht praktisch das ganze Jahr hindurch, deshalb findest du auch immer gleichzeitig Blüten und Früchte daran.

Vergessene Täschchen

Seinen Namen bekam es, weil seine Früchte geformt sind wie die flachen Umhängetaschen der Hirten. Heute werden solche Hirtentaschen kaum noch benutzt, doch der Name blieb. In den Früchten reifen an einem einzigen Pflänzchen über 50 000 Samen heran!

Seine Früchte sehen aus wie Hirtentaschen.

Knoblauchsrauke

Typisch Herzförmige Blätter, am Rand gezackt. Blüten winzig mit 4 weißen Blütenblättern.

Wilder Knoblauch Knoblauchsrauke gehörte früher in jede Frühlingsküche: Man kann sie schon ab April ernten, sie schmeckt fein nach Knoblauch und enthält viel Vitamin A und Vitamin C. Heute wird sie in der Naturküche wieder entdeckt. Praktisch: Nicht nur ihre Blätter schmecken gut, sondern auch die Blüten – so hast du gleich eine hübsche und essbare Dekoration!

Die Schoten brechen immer von unten auf.

Knoblauchsrauken-Quark

Mische 250 g Quark mit 1 Handvoll gewaschener, zerschnittener Blätter und 2 Prisen Salz. Streue die Blüten darüber. Schmeckt toll zu Pellkartoffeln oder auf Brot.

Tipp: Blätter und Blüten passen auch gut in herzhafte Frühlingssalate!

15–30 cm

Große Sternmiere

Typisch Bildet früh im Jahr hübsche Sternchenteppiche.

Gute Nachbarschaft Jeder Stängel der Sternmiere trägt gleich mehrere, lang gestielte Blüten. Für den Frühlingsstrauß ist sie leider nicht geeignet: Der Stängel ist weich und biegt einfach um. Im dichten Blütenteppich stützen sich die Nachbarpflanzen gegenseitig und geben sich Halt. Die Blätter sind grasartig, lang und zugespitzt und stehen sich immer zu zweit gegenüber.

Schmetterlingsblume

Früh blühende Blumen sind ein besonderer Leckerbissen für die ersten Insekten, die im Frühling aus ihrer Winterstarre erwachen. Viele Schmetterlinge laben sich am Blütennektar und nutzen gleich die Blätter zur Eiablage. So haben die frisch geschlüpften Raupen sofort Futter.

Die 5 Blütenblätter sind bis zur Mitte gespalten.

Zaunwinde

Typisch Große, trichterförmige Blüten, windet sich um Zäune und Pflanzen.

Suche im Uhrzeigersinn Die Zaunwinde wächst schnell: Innerhalb eines Sommers wird sie spielend 3 m hoch. Ständig ist sie dabei auf der Suche nach einer Stütze. Dazu kreisen ihre Triebspitzen langsam im Uhrzeigersinn. Innerhalb von 2 Stunden ist der Kreis einmal geschlossen. Findet sie einen Halt, so schlingt sie ihre Ranke herum und lässt nicht wieder los.

Erklimmt im Nu den Gartenzaun.

Lästige Umarmung

Die Zaunwinde klettert einfach an allem empor, was sich ihr zum Festhalten gerade bietet. Auch vor anderen Blumen, Sträuchern und Bäumchen macht sie nicht halt. Allmählich nimmt sie den anderen Pflanzen das Licht und den Platz zum Wachsen.

Riesen-Bärenklau

Typisch Riesige Blätter und weiße Blütendolden.

Keine Schwerter, keine Verstecke! Zugegeben: Mit seinen großen Blättern und den dicken Stängeln lockt er sehr zum Versteckspielen oder zum Bau von Schwertern. Doch Vorsicht: Die ganze Pflanze ist sehr giftig! Schon durch Berührung kann sie deine Haut verbrennen und wenn du in ihrer Nähe spielst, können ihre Gifte bei dir Atemnot und schweren Husten verursachen!

Eingeschleppt

Der Riese stammt ursprünglich aus dem Kaukasus und wurde bei uns als Zierpflanze eingeführt. Schnell hat er sich in der Natur ausgebreitet und große Flächen eingenommen. So verdrängt er heimische Arten und ist wegen seiner Giftigkeit sehr unbeliebt.

Ein nicht ungefährlicher Riese!

Giersch

Typisch An schattigen Waldrändern oft die häufigste Pflanze, der Stängel ist immer dreieckig.

Schau auf den Stängel Giersch gilt als eines der gefürchtetsten Gartenunkräuter überhaupt. Er vermehrt sich schnell, da er tief im Boden lange Ausläufer bildet. Aus ihnen sprießen an einer anderen Stelle die jungen Pflanzen. Übrigens: Außer an seinem typischen Dreiblatt erkennst du ihn leicht an seinem Stängel. Brich mal einen ab: von unten betrachtet ist er immer dreieckig!

Der Giersch heißt auch Dreiblatt.

Essen statt ärgern

Früher wurde Giersch als wohlschmeckender, Vitamin-C-haltiger Salat sogar in Gärten angebaut. Doch nur die hellgrünen, frisch entfalteten Blätter schmecken lecker. Später wird Giersch recht zäh und bitter. Also: Ernten statt jäten!

60–150 cm

Wiesenkerbel

Typisch Blüht ab April oft massenhaft auf Wiesen und an Wegrändern.

Schau auf die Blätter Blumen, bei denen sich die einzelnen Blütchen zu kleineren und größeren Schirmchen zusammensetzen, heißen **Doldenblütler**. Von solchen weiß blühenden Doldenblütlern wie dem Wiesenkerbel gibt es viele verschiedene und manche sind sehr giftig! Ein genauerer Blick auf Blätter und Stängel hilft dir, sie voneinander zu unterscheiden.

Zeigt überdüngte Wiesen

Wo zu viele Weidetiere auf Wiesen gehalten werden und mit ihrem Kot die Wiese überdüngen, da wächst der Wiesenkerbel oft massenhaft. Auch wo der Bauer regelmäßig Gülle aufbringt, können außer Wiesenkerbel und Löwenzahn kaum noch andere bunte Blumen gedeihen.

Mit 2–3-fach gefiederten Blättern.

Mädesüß

Typisch Ganz viele winzige Blütchen stehen dicht gedrängt beieinander. Wächst immer am Wasser.

Besondere Süße Der Name Mädesüß kommt von Met (=Honigwein)-Süße. Die Blüten fügte man früher dem Wein zu, um ihm sein besonderes Aroma zu verleihen. Schnuppere an den Blüten: Sie duften wirklich ganz besonders und manche Menschen können davon nie genug bekommen! Stelle doch einen Mädesüß-Strauß in dein Zimmer, du kannst ihn später auch trocknen lassen.

Das Mädesüß liefert duftende Trockensträuße.

Selbst gemachte Kinderbowle

Pflücke einen kleinen Strauß Mädesüß-Blüten und spüle ihn kurz unter fließendem Wasser ab. Lasse ihn einige Minuten in einem Gemisch aus Apfelsaft und Mineralwasser hängen und probiere, wie dir das schmeckt. Tipp: Verziere den Tisch hübsch mit Sommerblüten.

5–15 cm

Wald-Sauerklee

Typisch Blüht oft in großen Gruppen im Schatten von Bäumen.

Schattenrekord Jede Blume braucht Licht. Aber keine kann mit so wenig Licht auskommen wie der Sauerklee. Er blüht selbst da, wo fast kein Sonnenlicht am Waldboden ankommt! Wird es ihm zu sonnig oder nachts zu dunkel, dann klappt er seine Blätter zusammen und „schläft“. Das kann er, weil seine Blättchen mit raffinierten Gelenken am Stil befestigt sind.

Sauer macht nicht lustig!

Der Sauerklee heißt so, weil seine Blätter tatsächlich säuerlich schmecken. Ein bisschen probieren ist erlaubt. Doch ist Sauerklee keineswegs gesund und darf nicht in größeren Mengen gegessen werden. Er enthält sogar ein schwaches Gift, das man Oxalsäure nennt!

So „schläft“ der Sauerklee.

Buschwindröschen

Typisch Bildet im Frühjahr im Laubwald große, weiße Blütenteppiche.

Genau geschaut Obwohl mancherorts der ganze Waldboden weiß erscheint, bildet tatsächlich jedes Pflänzchen nur eine einzige Blüte aus. Sie besteht aus 6–8 Blütenblättern, die meist nicht rein weiß, sondern leicht rosa sind. In der Mitte recken sich zahlreiche gelbe Staubblättchen hervor. Unterhalb der Blüte entspringt ein Blattquirl aus 3 gestielten, handförmig geteilten Blättern.

Seltener: das Gelbe Buschwindröschen.

Das welkt rasch

Für einen Frühlingsstrauß ist das Buschwindröschen leider nicht geeignet, obwohl es verlockend ist, die vielen hübschen Blümchen zu pflücken. Meist fallen die empfindlichen Blütenblätter schon auf dem Heimweg ab, spätestens in der Vase verwelken sie.

5–15 cm

Maiglöckchen

Typisch Die intensiv duftenden, weißen Blütenglocken blühen im Mai.

Giftglöckchen Früher war es Tradition, Kinder zum Maibeginn Blumensträuße vom Maiglöckchen pflücken zu lassen. Dabei ist an dieser Pflanze wirklich alles giftig – Früchte, Blätter und sogar die Blüten! Sie alle enthalten ein starkes Herzgift. Sogar im Blumenwasser eines Maiglöckchenstraußes in der Vase ist das Gift noch zu finden. Also lieber stehen lassen!

Pflanzen statt pflücken!

Maiglöckchen sind heute selten und stehen deshalb unter Naturschutz. Wer im Mai nicht auf ihren süßen Duft verzichten möchte, der kann sie in seinen Garten pflanzen: Maiglöckchen lieben lockere, warme Böden und erfreuen uns jedes Jahr aufs Neue.

Sehr giftig: die Früchte des Maiglöckchens.

Bärlauch

Typisch Die Blätter riechen nach Knoblauch.

Bärlauchbrote Bärlauch wurde schon von den Steinzeitmenschen als Vitamin-C-haltiges und schmackhaftes Frühlingskräutlein genutzt. Er darf nur vor der Blütezeit geerntet werden, sonst schmeckt er bitter und hat weniger gesunde Inhaltstoffe. Die Blätter waschen, klein schneiden und auf ein Brot mit Butter oder Quark streuen. Schmeckt sehr lecker!

Wächst wild in Laubwäldern.

Der Wilde ist gefährlich!
Da Bärlauch vor der Blütezeit geerntet werden muss, werden seine Blätter häufig mit denen von Maiglöckchen, Herbstzeitlose oder Aronstab verwechselt, die allesamt sehr giftig sind! Deshalb Bärlauch bitte **nie** wild in freier Natur ernten, wenn du ihn nicht ganz genau kennst! Frage immer zuerst einen Erwachsenen!

30–60 cm

Margerite

Typisch Weiß-gelbe Tupfer auf blühenden Sommerwiesen.

Orakelblume Kennst du dieses Kinderspiel? Nacheinander werden der Margerite die weißen Blütenblätter ausgezupft und dabei gezählt „Er liebt mich, er liebt mich nicht …“. Entscheidend ist die Antwort, die dir das letzte Blütenblättchen gibt. Übrigens: Die weißen Blütenblätter sind nur zum Anlocken von Insekten da. Sie haben weder Blütenstaub noch Fruchtknoten.

Schön im Wiesenblumenstrauß

Wo eine Margerite in der Wiese wächst, gibt es meist noch mehr. Denn sie vermehren sich rasch über Ausläufer und säen sich leicht aus. Mit hübschen Gräsern ergeben sie einen schönen, duftenden und haltbaren Sommerblumenstrauß.

Sie lockt Schwebfliegen auf die Wiese.

Echte Kamille

Typisch Außen weiß, innen gelb. Liebt ungespritzte Äcker und Wegränder.

Wertvolle Heilpflanze Die Echte Kamille zählt zu den wichtigsten Heilpflanzen überhaupt. Ihre Blüten enthalten verschiedene wertvolle Öle, die Entzündungen abheilen lassen. Als Tee hilft Kamille gegen Bauchweh, äußerlich gegen entzündete Wunden und inhaliert gegen Erkältungen. Übrigens: Wirksamer als Teebeutel sind die getrockneten Kamilleblüten!

Nur die Echte Kamille ist innen hohl!

Selber sammeln

Kamilleblüten kannst du leicht selber sammeln und auf einem Handtuch auf der Fensterbank trocknen. Danach in einem leeren Marmeladenglas aufheben. Aufgepasst: Die Blütenköpfchen müssen duften und innen hohl sein, sonst ist es die unwirksame Unechte Kamille!

20 – 80 cm

Wiesen-Schafgarbe

Typisch Blütenkörbchen in Weiß oder Hellrosa aus vielen winzigen Einzelblütchen.

Allheilmittel Ihre Blätter und Blüten wirken ähnlich heilend wie die Echte Kamille, schmecken aber auch lecker als Gewürz in Salaten und Suppen. Weil die Stängel zäh und schwer abzureißen sind, kannst du sie am besten mit der Schere ernten. Manche Menschen vertragen den Pflanzensaft nicht auf der Haut, insbesondere dann nicht, wenn die Sonne scheint!

Augenbraue der Venus

Schon im Mittelalter galt die Schafgarbe wegen ihrer heilenden Inhaltstoffe als heiliges Kraut. Kannst du dir vorstellen, warum man sie „Augenbraue der Venus“ (das ist die schöne, römische Göttin der Liebe) nannte? Schau dir doch die Blätter mal ganz genau an!

Blätter der Schafgarbe am Wegesrand.

Gänseblümchen

Typisch Blüht auch im Winter auf Rasen und Wiesen.

Hart im Nehmen Jeder kennt das Gänseblümchen, denn es wächst fast in jedem Rasen. Mähen macht ihm nichts aus, denn seine Blätter liegen als kleine Rosette dicht an den Boden gedrückt. Nach dem Abmähen der Blüten wächst aus der Blattrosette einfach ein neuer Blütenstängel! Gänseblümchen verzieren den Rasen, sie sind auch essbar und heilkräftig.

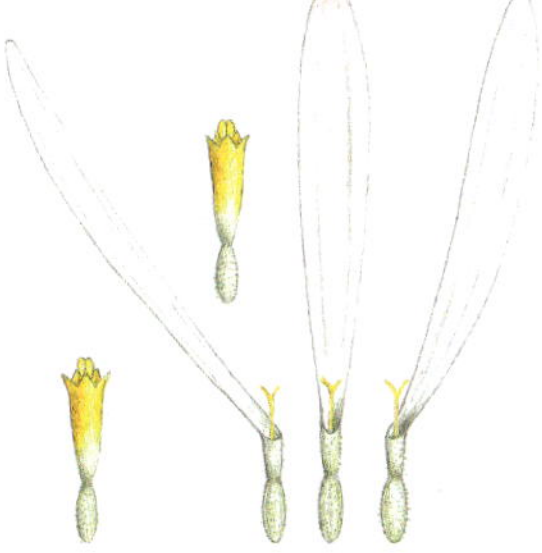

Mit weißen Zungenblüten und gelben Röhrenblüten.

Rezepte

Pflücke die Blüten-Köpfchen nur da, wo keine Hunde Gassi geführt werden. Wasche sie gründlich und streue sie auf dein Butterbrot oder als Verzierung in den Salat. Himmlisch ist ein Bad in Gänseblümchen-Blüten: 1 Handvoll Blüten mit einer Tasse kochendem Wasser übergießen und ins Badewasser geben.

50–300 cm

Seerose

Typisch Große, leuchtend weiße Blütensterne auf dem Wasser.

Rekord! Die Blüten und Blätter der Seerose hängen an Stielen, die fast 3 m lang werden. Das ist unter unseren heimischen Pflanzen der Rekord! Die Länge der Stiele ist abhängig von der Wassertiefe – denn sie müssen ja aus den Wurzeln am Teichgrund bis an die Wasseroberfläche reichen. Im Innern der Stiele ist Luft, so können Blätter und Blüten oben schwimmen.

Abgetaucht

Im Winter ist von Seerosen keine Spur auf dem Wasser zu entdecken. Kein einziges Blatt schwimmt mehr hier! Im Herbst haben sie sich nach und nach in den Teichgrund zurückgezogen. In ihren armdicken Wurzeln speichern sie die Nährstoffe bis zum nächsten Jahr.

Dicke Wurzeln speichern Nährstoffe im Teichgrund.

Gefleckter Aronstab

Typisch Pfeilförmige Blätter, die oft gefleckt sind (Name!), aber nicht immer!

Stinkblume Schnuppere mal: Der Aronstab stinkt ganz eklig nach Aas. Damit lockt er Fliegen und Mücken an, die diesen Geruch tatsächlich sehr mögen. So erreicht er, dass die Tiere seine Blüten bestäuben. Die weiblichen Blüten sitzen ganz tief im tütenähnlichen, weißen Hochblatt. Was da dunkel herausragt, das ist der Kolben: Daran reifen die männlichen Pollen heran.

Seine Früchte sind sehr giftig!

Vorsicht Falle!

Fliegen und Mücken rutschen am Hochblatt ganz tief bis an den Grund: Erst wenn das Insekt die weibliche Blüte am Grund bestäubt hat, verwelkt das Hochblatt. Das Tierchen gelangt wieder in die Freiheit und nimmt dabei automatisch Pollen vom Kolben zur nächsten Blüte mit!

10–50 cm

Weiß-Klee

Typisch Typisches Kleeblatt und kugelige Blütenköpfchen aus 30–70 Einzelblüten.

In jedem Rasen Weiß-Klee findest du fast in jedem Rasen. Meist fällt er hier nur nicht auf, weil der Rasen immer kurz gemäht ist. Wo der Rasenmäher ein paar Wochen lang ausbleibt, kommt der Weiß-Klee zum Blühen und lockt mit seinem Nektar Hummeln und Bienen an. Barfuß solltest du hier lieber nicht laufen, denn Hummeln stechen, wenn man auf sie tritt.

Überlebenskünstler

Wie Gänseblümchen und Löwenzahn schadet auch dem Weiß-Klee der Rasenmäher nicht. Aus den Blättern am Boden schiebt er schnell wieder neue Blüten hervor. Wenn du eine Stelle kennst, die immer wieder gemäht wird, kannst du das Schauspiel selbst beobachten.

Seine Blüten ziehen Hummeln magisch an.

Weiße Taubnessel

Typisch Blätter ähneln Brennnesseln, brennen aber nicht, sondern sind flaumig weich!

Bienensaug' An Taubnesseln kannst du fast immer Bienen und Hummeln beobachten. Denn am Grund ihrer Blüten befindet sich viel süßer, duftender Nektar.

Probiere doch einmal selbst: Zupfe eine Blüte vom Stängel und sauge sie von unten her aus. Wenn kein süßer Tropfen herauskommt, dann war eine Hummel oder Biene vor dir da. Es gibt übrigens nicht nur weiße Taubnesseln, sondern auch lilafarbene.

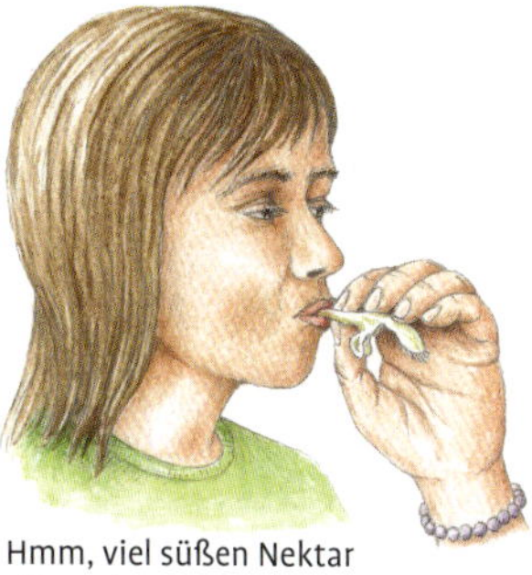

Hmm, viel süßen Nektar gibt es hier!

Blüte mit Käppi

Schau dir die Blüten der Taubnessel mal genauer an: Jede trägt ein Käppi als Regenschutz. Das nennt man die Oberlippe der Blüte. Die Unterlippe trägt sie weit herausgestreckt: Das ist ein guter Landeplatz für fleißige Insekten, die die Blume ja zur Bestäubung anlocken will.

50–150 cm

Nachtkerze

Typisch 3–5 cm große, zerknitterte Blüten.

Blume der Nacht Die Nachtkerze trägt ihren Namen zu recht, denn sie öffnet ihre Blüten erst in der Abenddämmerung und blüht die ganze Nacht hindurch. Mit ihrem intensiven Duft lockt sie Nachtfalter zur Bestäubung an. Am nächsten Morgen, spätestens aber am Nachmittag, verwelken diese Blüten wieder. Am Abend öffnen sich dann die nächsten Knospen, um die Nacht hindurch zu blühen.

Im ersten Sommer sieht man nur die Blattrosette.

Ein Beet für Fledermäuse

Willst du Fledermäuse in den Garten locken, so pflanze Blumen, die nachts blühen und so die Nahrung der Fledermäuse anlocken: Nachtfalter. Gut geeignet sind Nachtkerze oder Lavendel und Küchenkräuter wie Oregano, Thymian, Salbei und Rosmarin.

Raps

Typisch Im Frühjahr leuchten überall riesige, gelbe und intensiv riechende Rapsfelder.

Wichtige Ölpflanze Nicht nur in Europa, sondern auch in Nordamerika, China und in Indien blühen im Frühjahr Millionen von Rapsfeldern. Denn Raps enthält viel Öl – das sitzt versteckt in den schwarzen Samenkörnern. Es wird aus den Samenkörnern gepresst und dient hauptsächlich zur Erzeugung von Biokraftstoffen. Man muss 1 Hektar (= 10 000 m^2) Raps für 1500 Liter Rapsöl anbauen.

In der Schote reifen die ölreichen Samen.

Biodiesel und Umweltschutz

Biokraftstoffe sollen die Umwelt nicht so sehr belasten wie andere Kraftstoffe, die aus fossilen Rohstoffen gewonnen werden. Allerdings muss man bedenken, dass Rapsanbau in riesigen Mengen auch die Umwelt schädigt. Dabei wird nämlich enorm viel Fläche, Dünger und Wasser benötigt.

10 – 40 cm

Frauenmantel

Typisch Blätter wie ein Mantel, den sich Frauen früher gern umhängten.

Beruhigende Tropfen Morgens entdeckst du an den Blättern des Frauenmantels oft kleine silbrige Tröpfchen: Das ist kein Regenwasser, sondern echte „Königsperlen“, die die Pflanze an ihren Blattspitzen abgibt. In der Mitte sammeln sie sich zu einer größeren Wasserperle. Bist du aufgeregt, so wirkt die Königsperle auf deine Schläfen gerieben beruhigend.

Mit silberglänzenden Königsperlen.

Gute-Träume-Bad

Übergieße 1 Handvoll Frauenmantel-Blätter und 1 Handvoll Gänseblümchen-Blüten mit 1 Liter kochendem Wasser. Lasse den Sud 15 Minuten lang ziehen und gib ihn durch ein Sieb in dein Badewasser. Das wirkt beruhigend auf Haut und Nerven.

Echte Schlüsselblume

Typisch Goldgelbe Blüten und runzelige Blätter.

Die Allerersten Schon im März erscheint sie auf niedrigen Wiesen und in lichten Wäldern. Ihre Blüten duften stark und haben orangene Flecken. Die ähnliche, nur schwach duftende Hohe Schlüsselblume findest du auf feuchten Wiesen und in Auwäldern. Beide heißen „Primel“. Das kommt aus dem Lateinischen (primus = der Erste) und bezieht sich auf die frühe Blühzeit im Jahr.

Die verwandte Hohe Schlüsselblume ist hellgelb.

Bitte nur angucken!

Weil sie so hübsch ist, wurde die Schlüsselblume früher in dicken Sträußen gepflückt. Mancherorts sammelte man sie auch in großen Mengen, um daraus Medizin herzustellen. Heute ist sie deshalb selten geworden und steht unter besonderem Naturschutz – also bitte nicht pflücken!

50–120 cm

Schwarze Königskerze

Typisch Hohe, gelbe „Kerzen“, die aus Wegrainen herausragen.

Alle 2 Jahre wieder Königskerzen zählt man zu den **zweijährigen** Pflanzen. Im ersten Jahr bilden sie nur eine Blattrosette wie die Nachtkerze (Seite 36). Erst im darauf folgenden Sommer wächst daraus die Blütenkerze. An ihren langen Blütenständen blühen sie allmählich von unten nach oben auf. Im Garten sehen Königskerzen nicht nur toll aus, sondern locken auch viele Falter, Hummeln und Wildbienen an!

Die Blüte hat lilafarbene Staubfäden

Feuer und Fackeln

Es gibt mehrere recht ähnliche Arten von Königskerzen und manche werden über 2 m hoch. Früher tauchte man ihre Stängel in Harz und nutzte sie als Fackel. Die Germanen verräucherten sie am Lagerfeuer, um damit böse Geister zu vertreiben.

Teichrose

Typisch Hat im Gegensatz zur Seerose (Seite 32) gelbe Blüten.

Auch in Flüssen Die Teichrose wächst im Unterschied zur bekannteren Seerose auch in langsam fließenden Gewässern. Ihre armdicken Wurzeln wachsen im Gewässergrund. Daraus schiebt sie im Frühling die Blatt- und Blütenstängel bis an die Wasseroberfläche. So schwimmen Blätter und Blüten auf dem Wasser. Je nach Wassertiefe können sie eine Länge bis zu 2,50 m erreichen!

Mit verschiedenen Unter- und Überwasserblättern.

Schwimmende Früchte

Ende August schwimmen hübsche, krugförmige Früchte an den Stängeln der Teichrose. Trenne eine ab – sie schwimmt auf dem Wasser, denn sie enthält Luft! Schneidest du die Frucht auf, entdeckst du die Luftkammern. So können die Samen in anderen Abschnitten des Flusses auskeimen.

15–50 cm

Sumpfdotterblume

Typisch Blüht früh im Jahr dottergelb auf sumpfigen Wiesen und an Gewässerufern.

Wasserspezialistin Immer nasse Füße, das ist ihr gerade recht. Sie kann sogar völlig überspült werden, ohne davon Schaden zu nehmen. Die Blüten freuen sich sogar darüber: Der Blütenstaub schwimmt einfach zum Fruchtknoten und die Pflanze kann sich selbst bestäuben. Bei schlechtem Wetter ist das praktisch, weil dann ja kaum Insekten zur Bestäubung herumfliegen.

Freund Regen

Die sternförmigen Früchte der Sumpfdotterblume öffnen sich nur bei Feuchtigkeit. Dann quellen sie auf und ihre zahlreichen Samen werden frei dem Regen präsentiert. Auftreffende Regentropfen können nun die Samen, die Regenschwemmlinge, herausschleudern.

Die Samen sind Regenschwemmlinge.

Kriechender Hahnenfuß

Typisch Lackglänzende, gelbe Blüten und gefiederte, vogelfuß-ähnliche Blätter.

Ausbreitungswunder Er hat einen besonderen Trick, um sich möglichst schnell ausbreiten zu können: An seinen niederliegenden Blättern bilden sich Knoten, aus denen kleine Wurzelbüschel wachsen, die sich sogleich in der Erde verankern. So breitet sich eine Pflanze schnell in alle Richtungen aus und nimmt in wenigen Wochen ganze Blumenbeete und Äcker ein.

Mit Blättern wie der Fuß von einem Hahn.

Plage auf der Weide

Es gibt viele recht ähnliche Hahnenfuß-Arten, die alle mehr oder weniger giftig sind und bitter schmecken. Deshalb werden sie von den meisten Weidetieren wie Pferden und Kühen nicht gefressen. So kann sich der Hahnenfuß auf vielen Weiden enorm ausbreiten!

3–15 cm

Scharfer Mauerpfeffer

Typisch Bildet knallgelbe Polster in kleinsten Asphalt- und Mauerritzen.

Schlauer Sandfänger Er wächst da, wo kaum eine andere Pflanze überleben kann: Schon ein bisschen Sand genügt ihm. Hauptsache, es ist schön sonnig. Wo er blüht, kann der trockene Boden kaum Wasser speichern. Dabei helfen ihm seine dickfleischigen Blätter. Mit seinem polsterartigen Wuchs fängt er umherwehenden Sand und vergrößert so ständig seinen Lebensraum!

Nicht probieren!
Der Scharfe Mauerpfeffer trägt seinen Namen, weil er pfeffrig scharf schmeckt. Das solltest du besser nicht ausprobieren, denn er ist giftig und reizt die Schleimhäute schon beim Kauen! Heruntergeschluckt führt er zu ernsthaften Vergiftungen!

Braucht wenig Wasser und viel Sonne.

Scharbockskraut

Typisch Mit Blüten wie Mini-Sonnen und Blättern wie Herzen.

Früh und fix Lange bevor unsere Bäume und Büsche nach dem Winter wieder grün werden, blüht am Waldboden das Scharbockskraut. Schnell nutzt es die ersten Sonnenstrahlen, um seine vielen gelben Blütensonnen zu öffnen. Viel Zeit hat es nicht: Bis Mai muss es schon Früchte bilden, denn dann wird es mit dem austreibenden Laub dunkel unter Büschen und Bäumen!

Frühblüher auf winterkahlen Böden.

Gesund und giftig

„Scharbock" kommt von „Skorbut". Das ist eine Vitamin-C-Mangel-Krankheit, gegen die man früher Scharbockskraut-Salat zubereitete. Die Blätter enthalten wirklich viel Vitamin C, doch zur Blütezeit sind sie bereits schwach giftig! Deshalb nur vor der Blüte probieren!

5–50 cm

Löwenzahn

Typisch Häufigste gelbe Blume auf Wiesen und Rasen. Nach dem Verblühen wird sie zur Pusteblume.

Löwenzahn-Sirup 1 Handvoll Löwenzahn-Blüten in einen Kochtopf geben, mit 1 Tasse Wasser 3 Minuten köcheln lassen und den Topf an einen ruhigen Ort stellen. Am nächsten Tag die Flüssigkeit durch ein Sieb in einen zweiten Topf gießen. Hier hinein auch 1 Tasse Zucker geben. Koche die Flüssigkeit, bis sie eindickt und fülle sie in ein sauberes Marmeladenglas. Schmeckt lecker auf Brot und im Tee!

Fallschirm-Flieger

Wenn der Löwenzahn verblüht, verwandelt er sich in eine Pusteblume. Schau mal genau hin: An jedem der Mini-Fallschirme hängt ein kleiner Samen. Wo der Wind ihn hintreibt und er schließlich landet, kann eine neue Löwenzahn-Blume wachsen.

So lässt du Löwenzahn-Kinder fliegen!

Huflattich

Typisch Sonnengelbe Blüten ganz früh im Jahr. Zur Blütezeit ohne grüne Blätter!

Bruder Löwenzahn Der Huflattich erwacht nach dem Winter als eine der ersten Blumen. Seine Blüten ähneln dem Löwenzahn, doch die Blätter sind ganz anders! Am Blütenstängel findest du nur winzige, rötliche und spinnwebig behaarte Blattschuppen. Die richtigen Blätter wachsen erst Ende April oder Anfang Mai aus der Erde, wenn die Blüten längst verblüht sind.

Die Blätter sind langgestielt, herzförmig und von unten mehlig.

Wer landet da?

Für 25 verschiedene Insektenarten, die auch so früh im Jahr wach werden, bietet der Huflattich viel nahrhaften Pollen und Nektar. Schau mal, wen du auf seinen Blüten findest: Oft landen hier Zitronenfalter, Wildbienen, Käfer, Hummeln und Schwebfliegen mit einem Bärenhunger!

30–100 cm

Jakobs-Greiskraut

Typisch Blüht in dichten, leuchtenden Büscheln wie Mini-Sonnenblumen.

Schutz gegen Feinde Diese Blume ist sehr hübsch, aber auch sehr giftig! Im Frühling findest du trotzdem häufig die geringelten Raupen vom Jakobskraut-Bär daran. Nach dem Verpuppen werden sie zu Faltern. Den Raupen macht das Gift nichts aus. Im Gegenteil, es nützt ihnen sogar: Denn andere Tiere mögen keine Raupen essen, die das bittere und giftige Kraut gefuttert haben.

Gefahr für Pony & Kaninchen!

Das Jakobs-Greiskraut ist für viele Tiere tödlich giftig. Achte beim Füttern von Pferden, Kühen, Schafen oder Kaninchen unbedingt darauf, dass keinesfalls ein Jakobs-Greiskraut in deinen Futterstrauß gerät! Es darf auch nicht auf Tierweiden wachsen.

Jakobskraut-Bär-Raupen lieben seine Blätter!

60–120 cm

Rainfarn

Typisch Spätsommerblume mit halbkugeligen, dichten Blütenköpfchen.

Gülden Knöpfle Wenn du auf die Blüten schaust, so kannst du dir vielleicht denken, warum der Rainfarn auch Gülden Knöpfle genannt wird. Zerreibe mal ein Rainfarn-Blatt zwischen den Fingern: Es duftet ganz aromatisch. Denn die Blätter enthalten winzige Tröpfchen ätherischer Öle. Manche Menschen empfinden diesen Duft als angenehm, andere finden ihn dagegen widerlich.

Hat Blätter wie ein Farn (Name!).

Trockenstrauß gegen Ungeziefer

Früher legte man getrockneten Rainfarn in Kuhställen und Hundehütten aus, denn er vertreibt Mücken und anderes Ungeziefer. Hänge einen Trockenstrauß in deinem Zimmer auf – die Blüten leuchten auch getrocknet schön und halten Mücken fern.

30–80 cm

Echtes Springkraut

Typisch Auffallende, 2–3 cm große, gelbe Blüten an schattigen Wegrändern.

Wie Gewehrkugeln Die Früchte vom Springkraut sehen ganz harmlos aus. Berührst du aber eine reife Frucht mit den Fingern, so platzt sie blitzschnell auf und heraus schießen die Samenkörner wie Kugeln aus einem Gewehr! Sie haben eine Schussweite bis über 3 m! Die Berührungsempfindlichkeit ihrer Früchte gab dem Echten Springkraut auch den Namen Rühr'-mich-nicht-an.

Erster!

Anders als das Indische Springkraut (Seite 69) ist das Echte Springkraut bei uns heimisch. Es überwuchert aber auch andere Pflanzen, weil es so unglaublich schnell wächst und Nachbarpflanzen das Licht zum Wachsen nimmt. So ist der Boden unter der Blume meist kahl.

Platzt die Frucht, schießen die Samen heraus.

Acker-Stiefmütterchen

Typisch Blüten meist lila-gelb, aber auch weiß oder gelb-weiß, also ganz ohne Lila.

Ohne Papa Der Name erklärt sich aus dem Blütenbau: Man sagt, das unterste, größte und gestrichelte Blütenblatt ist die Stiefmutter. Rechts und links von ihr sitzen jeweils ihre eigenen Töchter. Sie sind meist gelb oder helllila gefärbt. Die beiden Stieftöchter müssen sich ganz oben an der Blüte zusammen drängen und trauern deshalb (meist) in dunklem Lila.

Die Samen sind in der dreiklappigen Frucht.

Vom Unkraut zur Gartenblume

Ausgerechnet aus dem kleinen, unscheinbaren Acker-Stiefmütterchen wurde eine der beliebtesten Gartenblumen: das Garten-Stiefmütterchen! Der Mensch hat es solange gezüchtet und mit anderen Pflanzen gekreuzt, bis es riesengroße, bunte Blüten hatte.

50–150 cm

Schmalblättriges Weidenröschen

Typisch Bedeckt oft ganze Waldlichtungen.

Erster auf kahlen Böden Nach Waldschlägen und Waldbränden bedeckt das Weidenröschen schnell neu entstandene Lichtungen. Denn seine federleichten Samen fliegen locker 10 km weit und warten oft nur darauf, ein freies, sonniges Plätzchen zu finden. Einmal Fuß gefasst, breitet sich das hübsche Weidenröschen rasch aus und ist mit seinen pinkfarbenen Blütentrauben ein Magnet für Bienen.

Decken aus Samenhaaren

Das Schmalblättrige Weidenröschen ist auf der ganzen Nordhalbkugel unserer Erde weit verbreitet und ist sogar Wappenblume im kanadischen Yukon-Territorium. Die Indianer nutzten ihre langen, feinen Samenhaare zum Weben von Decken und Umhängen.

Jede Blume bildet viele Samen mit langen Haarschöpfen.

Wasserminze

Typisch Minzblätter duften beim Zerreiben intensiv nach Pfefferminz-Kaugummi.

Kaugummi und Zahnpasta Was du aus Kaugummi und Zahnpasta als Pfefferminze kennst, das hat der Mensch gezüchtet. Diese Echte Pfefferminze entstand aus einer Kreuzung von Wasserminze mit einer weiteren, wild wachsenden Minzeart, der Grünen Minze. Die Echte Pfefferminze duftet und schmeckt stärker nach Pfefferminz als ihre wildwachsenden Schwestern.

Die verwandte Echte Pfefferminze hat längliche Blütenköpfe.

Heiliges Kraut der Druiden

Die wilde Wasserminze war schon bei unseren Urahnen sehr beliebt. So verordneten die Druiden (das sind Heiler und Magiere) zur Reinigung des Körpers Heilkuren mit Wasserminze-Tee. Dieser Tee ist etwas milder als gewöhnlicher Pfefferminztee und wird von vielen Menschen deshalb besser vertragen.

30–60 cm

Wiesen-Schaumkraut

Typisch Überzieht ab Ende April feuchte Wiesen mit einem rosafarbenen oder lila-blauen Schleier.

Schmetterlings-Liebling Oft siehst du an den Blüten einen weißen Schmetterling mit leuchtend orangenen Flügelenden. Das ist der Aurorafalter, benannt nach der Sonnengöttin Aurora. Das Wiesen-Schaumkraut ist seine Lieblingsblume! Aus den Blüten saugt er Nektar. Das Weibchen klebt seine Eier unter die Blätter, denn die Raupen futtern auch am liebsten Wiesen-Schaumkraut!

Zaubertrick

Pflücke einige Blättchen vom Wiesen-Schaumkraut und lege sie in einen Blumentopf mit feuchter Erde. Die Blättchen einfach auf die Erde legen und regelmäßig wässern. Nun kannst du selbst sehen, wie aus den Blättchen wieder neue Pflänzchen sprießen.

Aus den Blättern kann eine neue Pflanze wachsen!

Heidekraut

Typisch Kleiner Strauch mit nadelartigen Blättern und vielen winzigen Blüten.

Honig und Besen Ab August verfärbt es ganze Landstriche in ein rosafarbenes Blütenmeer. Dann hörst du überall die fleißigen Bienen summen. Den Nektar der zahllosen, winzigen Blüten sammeln sie in ihren Waben. Daraus macht man den berühmten Heidehonig. Früher band man die Zweige des Heidekrauts zu Besen zusammen – daher stammt auch der bekannte Name Besenheide.

Schafe sorgen für den Erhalt unserer Heidelandschaften.

Kultur statt Natur

Die bekannte Lüneburger Heide ist in Wahrheit keine reine Natur. Nach dem Abholzen der Wälder führte man hier Schafe (Heidschnucken) ein, die jedes Pflänzchen abfraßen. Nur das borstige Heidekraut ließen sie stehen. So entstand eine schöne Kulturlandschaft.

30–80 cm

Klatsch-Mohn

Typisch Seine großen, knallroten Blüten siehst du schon von Weitem zwischen Gräsern und Getreide.

Hier ist das Getreide gesund Früher waren unsere Getreideäcker rot getupft vom Mohn. Heute verhindern fast überall Spritzmittel, dass Mohn und andere unerwünschte Pflanzen hier wachsen können. Auf Wiesen kann Mohn nicht dauerhaft überleben, denn seine Samen brauchen zum Keimen Licht (man nennt sie **Lichtkeimer**) und sind so darauf angewiesen, dass der Boden regelmäßig durch den Pflug geöffnet wird.

Lichtexperiment

Das brauchst Du: 2 Blumentöpfe, Erde, Sprühflasche mit Wasser, Mohnkapsel mit Samen. Im einen Blumentopf bedeckst du die Samen mit einer daumendicken Erdschicht. Im anderen streust du sie oben auf die Erde. Wo wächst der Mohn besser? Wässern nicht vergessen!

Mohnkapseln enthalten 5000 winzige Samenkörnchen

Wilde Malve

Typisch Zahlreiche, prächtige, bis 5 cm große, rosarote Blüten mit violetten Linien.

Wegweiser für Hummeln Die violetten Linien auf den rosaroten Blüten sind nicht nur eine lustige Malerei der Natur. Für die Pflanze haben sie eine wichtige Funktion: Die Linien weisen Hummeln den Weg ins Innere der Blüte, wo der Pollen wartet. Ein bisschen davon nascht die Hummel und ein bisschen bleibt an ihrem Körper kleben – damit bestäubt sie automatisch die nächste Blüte!

Knospen, Blüten und Früchte zugleich.

Kostbares Blütenöl

Gib 20 getrocknete Malvenblüten in ein sauberes Marmeladenglas und übergieße sie mit Sonnenblumenöl, bis alle Blüten bedeckt sind. 2–3 Wochen stehen lassen, täglich schütteln. Durch ein Sieb in ein Fläschchen füllen und trockene oder juckende Haut damit eincremen. Das tut gut!

20–50 cm

Stinkender Storchschnabel

Typisch Zerreibe ein Blatt zwischen den Fingern – der Storchschnabel ist eine richtige Stinkblume!

Stinkblume und Gottesgnadenkraut! Du findest diese Stinkblume in vielen Kräuterbüchern des Mittelalters. Denn sie enthält heilende Stoffe. Die sorgen dafür, dass Bakterien absterben und Wunden und Entzündungen heilen können. Als Tee hilft der Stinkende Storchschnabel gegen Bronchitis und Durchfall, äußerlich aufgetupft bei schlecht heilenden Wunden.

Geheimrezept aus dem Mittelalter

Wenn du dich draußen geratscht hast, suche nach einem Storchschnabel-Blatt. Zerreibe es, bis Saft austritt und lege es auf die Wunde. So heilt sie schneller. Ein Strauß im Zimmer oder auch im Zelt aufgehängt soll übrigens mit seinem Gestank Mücken vertreiben!

Seine Früchte erinnern an einen Storchenschnabel.

Rote Lichtnelke

Typisch Rosa Blüten mit tief gespaltenen Blütenblättern. Blüten duften nicht!

Männlein oder Weiblein? Die Rote Lichtnelke ist eine **zweihäusige** Blume: So gibt es rein männliche und rein weibliche Pflanzen. Bei den „Weibchen" sitzt unterhalb der rosafarbenen Blüten ein dicker, bauchiger Kelch und die weißen Griffel gucken aus der Blüte heraus. Bei den „Männchen" ist der Kelch ganz schlank und die gelben Pollen sind tief unten in der Blüte versteckt.

„Weibchen" erkennst du am bauchigen Kelch.

Schmetterlinge anlocken

Im Spätsommer findest du an der Roten Lichtnelke Samenkapseln mit vielen, winzigen Samenkörnern darin. Nimm eine Kapsel mit nach Hause, streue die Samen im nächsten Frühjahr in einen Blumentopf mit Erde und gieße regelmäßig. Die Rote Lichtnelke ist robust und lockt Schmetterlinge an!

50–200 cm

Wasserdost

Typisch Hohe Stängel mit rosa Blütenschirmen und Blätter, die an eine Hand erinnern. Am Wasser.

Einmal voll tanken! Ob an Gräben, Flüssen oder an feuchten Waldrändern: Überall da, wo der Boden sumpfig ist, wächst auch der Wasserdost. Mit seinen vielen rosafarbenen Blüten an langen Stängeln ist er nicht zu übersehen. Für Insekten sind diese nektargefüllten Blüten eine wichtige Tankstelle am Wegesrand – besonders Schmetterlinge landen gern auf den Blütenschirmen.

Indianerkraut

In Nordamerika wächst der ähnliche Durchwachsene Wasserdost. Bei den Indianern ist er eine der wichtigsten Heilpflanzen. Wissenschaftler konnten beweisen, dass er heilende Inhaltstoffe besitzt. So ist er eines der wenigen Mittel, die tatsächlich gegen Grippe helfen.

Beliebter Landeplatz für Admirale.

Große Klette

Typisch Große, weiche Blätter, leuchtende Blütenköpfe und haftende Klettfrüchte.

Keine Distel! Auf den ersten Blick ähnelt die Klette einer Distel – doch du kannst den Unterschied fühlen: Blätter und Stängel sind weich! Aus ihren Blütenköpfen fliegen im Spätsommer auch keine Fallschirmchen wie bei den Disteln. Die Klette hat einen anderen Trick, ihre Früchte verbreiten zu lassen: Mit kleinen Widerhaken heften sich ihre Klettenfrüchte an Fell und Kleidung.

Kletten sind unangenehm anhänglich!

Wiesenforscher-Knopf

Ist dir ein Knopf verloren gegangen oder sind dir deine Ärmel ein wenig zu lang? Kein Problem! Du kannst dir in der Natur mit Klettenfrüchten behelfen: Einfach eine Klette mit ihren zig Widerhaken als Ersatz-Knopf zwischen die Stoffschichten drücken. Hält prima!

50–200 cm

Gewöhnliche Kratzdistel

Typisch Extrem stachelige Stängel und Blätter, die Samen sind lang behaart.

Mit spitzen Lanzen An ihr ist bis auf die Blüten alles sehr pieksig: Mit Stacheln schützt sich die Distel davor, gefressen zu werden. Deshalb wird sie oft als lästiges Unkraut bezeichnet und bekämpft. Schmetterlinge, Bienen, Hummeln und Käfer sehen das ganz anders! Oft sitzen gleich mehrere Insekten nebeneinander auf einer Blüte, um von ihrem köstlichen Nektar zu naschen.

Tausende Fallschirme

Die Samen der Disteln tragen lange, weiche und federleichte Flughaare. Ein leichter Windhauch oder einmal Pusten genügt, und sie schweben wie Mini-Fallschirme über die Wiese. Früher sammelten Menschen diese Samenhaare und stopften sie statt Federn in ihre Kopfkissen.

Fliegende Distelkinder.

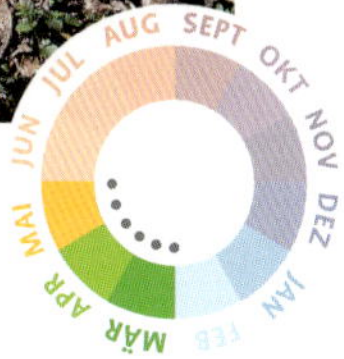

Rote Pestwurz

Typisch Blüht früh im Jahr an Bach- und Flussufern.

Wie wilder Rhabarber Schon Anfang März kannst du an kahlen Bachufern die bleichen, rosafarbenen Blütentrauben der Pestwurz aus der Erde wachsen sehen. Erst gegen Ende der Blütezeit schieben sich auch ihre grünen, herzförmigen Blätter aus dem Boden. Sie werden bis 1 m groß und bedecken weite Uferbereiche. Die Blätter sind leicht mit Rhabarber-Blättern zu verwechseln!

Die riesigen Blätter erscheinen erst nach der Blüte.

Kein Mittel gegen Pest

Im Mittelalter wütete eine sehr ansteckende Krankheit namens Pest, an der in Europa Millionen von Menschen starben. Da die Pestwurz so unangenehm riecht, versuchte man damit die Krankheit zu vertreiben – doch vergebens. Heute kann die Pest zum Glück mit Antibiotika geheilt werden.

50–150 cm

Blut-Weiderich

Typisch Rotviolette Blütenkerzen fallen schon von Weitem auf.

Leuchtreklame für Insekten Den Blutweiderich kannst du nicht übersehen! Seine Blüten leuchten intensiv rotviolett und wachsen dicht an dicht in Blütenkerzen. Mehr als hundert Blüten drängen sich am Ende eines jeden Stängels. So fliegen viele Bienen und mehr als 20 verschiedene Schmetterlinge auf den Blutweiderich. In seinen Blüten hält er leckeren Pollen und süßen Blütensaft bereit.

Zähl' mal nach!

Alles an seinen Blüten ist durch 6 teilbar: Neben 6 Blütenblättern hat er 2 mal 6 Staubblätter und 6 kürzere und 6 längere, grüne Kelchzipfel. Das „Blut“ in seinem Namen kommt daher, dass man früher aus ihm ein blutstillendes Medikament kochte.

An seinen Blüten ist alles 6-zählig.

50–150 cm

Roter Fingerhut

Typisch Zahlreiche rotviolette Blütenglocken in lichten Wäldern und an halbschattigen Wegrändern.

Blüht erst im 2. Jahr Wo im Herbst ein Fingerhut-Samen keimt, da wächst im nächsten Sommer nur eine dichte Blattrosette am Boden. Erst im Sommer darauf schiebt sich aus der Mitte der Blätter ein bis zu 150 cm langer Blütenstängel mit bis zu 100 Blütenglocken. Solche Pflanzen, die erst im 2. Lebensjahr blühen, werden als **zweijährig** bezeichnet.

Fingerhüte sind typische Hummelblumen.

Tödlich giftig!

Der Fingerhut ist eine unserer stärksten Giftpflanzen und trägt deshalb auch volkstümliche Namen wie Teufelshut oder Hexenblume. Alles an ihm ist extrem giftig, insbesondere Blätter und Samen. Deshalb gilt hier: Anschauen ja, aber bitte nicht anfassen! Für Hummeln ist der Blütenstaub übrigens nicht giftig.

10–40 cm

Wiesen-Rotklee

Typisch Rosa Blütenköpfchen und dreigeteilte Blätter auf der Wiese.

Die Hummeln fehlten! Wiesen-Rotklee wird auf Feldern angebaut, weil er den Ackerboden entscheidend verbessert. Deshalb schiffte man ihn Anfang des 19. Jahrhunderts auch nach Australien. Doch hier bildeten sich kaum Samen an den Pflanzen. Der bedeutende Forscher Charles Darwin fand den Grund dafür: Es gab keine Hummeln zum Bestäuben! Die wurden deshalb gleich hinterher geschickt.

Wer war Darwin?

Charles Darwin, geboren 1809 in England, ist einer der bedeutendsten Naturwissenschaftler. Als Junge streifte er am liebsten in der Natur umher, der Schule konnte er nicht viel abgewinnen. Mit 14 Jahren nahm ihn sein Vater wegen seiner schlechten Noten von der Schule.

Ein vierblättriges Kleeblatt gilt als Glücksbringer!

20–60 cm

Gefleckte Taubnessel

Typisch Ihre gesägten Blätter erinnern zwar an Brennnesseln, sind aber „taub". Sie brennen also garantiert nicht!

Besuch der Königin Taubnesseln blühen schon früh im März. Gerade dann, wenn die Hummel-Königinnen hungrig und durstig aus ihrer Winterstarre erwachen und Kraft tanken müssen. Jetzt blühen ja noch nicht viele Blumen! In den Blüten der Taubnessel finden sie sehr viel zuckerreichen Saft. Deshalb kannst du hier oft ganz viele Hummel-Königinnen gleichzeitig beobachten.

Hummeln fliegen auf Taubnessel-Blüten!

Blume mit Mund

Wenn du eine Taubnessel-Blüte durch die Lupe betrachtest, dann kannst du ihre gewölbte **Oberlippe** und ihre weiß gefleckte **Unterlippe** erkennen. Blumen mit solchen Blüten heißen deshalb auch Lippenblütler. Tief unten in diesem „Mund" liegt der Nektar versteckt.

10–30 cm

Hohler Lerchensporn

Typisch Frühblüher in lichten Wäldern und Gebüschen, blüht lila oder weiß.

Giftige Knolle! Das „hohl“ im Namen bezieht sich auf die Wurzelknolle, die tief im Boden versteckt liegt. Sie ist walnussgroß und innen hohl. Bitte versuche nicht sie auszugraben: Zum einen liegt sie besonders tief in der Erde, so dass beim Graben der zarte Blütenstängel allzu leicht abbrechen könnte. Zum anderen ist die Wurzelknolle der giftigste Teil der Pflanze!

Honigräuber

Nur Insekten mit langem Saugrüssel können an den Blütennektar im Sporn gelangen. Dabei bestäuben sie automatisch die Blüte. Honigräuber wie kurzrüsslige Hummeln beißen den Sporn von hinten auf und stehlen den Saft, ohne dabei Bestäubungsarbeit zu leisten.

Im langen Sporn ist süßer Blütennektar.

Indisches Springkraut

Typisch Wächst in dichten, hohen Beständen an Flussufern und ist hier nicht zu übersehen.

Wucherblume Du hörst es schon an seinem Namen: Das Indische Springkraut ist eigentlich in Indien zuhause. Von dort aus wurde es als Gartenpflanze zu uns nach Europa eingeführt. Doch aus Gärten hat es sich bald überall in freier Natur ausgebreitet. Hier verdrängt es an vielen Bachufern schnell die heimische Pflanzen. Deshalb ist es bei Naturschützern nicht gern gesehen.

Diese Blume wird in einem Jahr locker 2 m hoch!

Das springt und schwimmt

Wenn die Samen aus den länglichen Schoten schießen, dann fliegen sie hier gleich bis zu 7 m weit! Manche schwimmen auch mit dem Bach davon. Wo sie anlanden, da keimt das nächste Springkraut und bildet bald einen dichten, süßlich riechenden Bestand.

10–30 cm

Gamander Ehrenpreis

Typisch Himmelblaue Blüten mit 4 ungleichen Blütenzipfeln.

Nicht für die Vase Er ist in ganz Europa ein häufiger Frühlingsblüher auf Wiesen, an Wegrändern und in lichten Eichenwäldern (nicht mit dem Vergissmeinnicht verwechseln; Seite 73). Für einen Frühlings-Blumenstrauß ist er nicht geeignet, denn seine hellblauen Blüten fallen nach dem Pflücken rasch ab. Außerdem enthält er ein schwaches Gift – nach dem Anfassen bitte Hände waschen.

Genau hingeschaut

Schau dir Stängel und Blätter einmal aus der Nähe an: Die Blätter sind rau behaart, am Rand gekerbt und 2 Blätter stehen sich immer genau gegenüber (sie sind **gegenständig**). Gegen das Licht betrachtet erkennst du, dass der Stängel auf 2 Seiten dicht behaart ist.

Die Blütenstände kommen aus den Achseln der Blätter.

Wiesen-Glockenblume

Typisch Lilafarbene Glocken auf sonnigen Wiesen.

Wetterblume Bei Regenwetter und in der Abenddämmerung lassen Glockenblumen ihre Blüten hängen. Scheint die Sonne, richten sie ihre Glockenblüten auf, recken sie der Sonne entgegen und folgen ihr im Tageslauf. Mit diesem Verhalten schützt die Blume ihren kostbaren Blütenstaub vor Regen und Tau! Oft siehst du Wildbienen auf Glockenblumen landen: sie sammeln den Blütenstaub.

Die Blüte der Glockenblume verrät dir das Wetter!

Feenhütchen

In vielen Kinderbüchern tragen Blumenkinder die schönen Blüten als Hüte oder Kleider. Angeblich sollen Glockenblumen den Weg ins Zwergenreich öffnen und manche Menschen meinen, dass in den Glöckchen Elfen und Feen übernachten. Wer weiß schon, wieviel davon wahr ist?

10–30 cm

Lungenkraut

Typisch Blaue und rosafarbene Blüten auf ein und derselben Pflanze.

Hübsch, nützlich und gesund! Das Lungenkraut wächst am liebsten auf lehmig-steinigen und feuchten Böden. Am wohlsten fühlt es sich im Schatten von Gebüschen und Hecken. Wegen seiner hübschen Blätter und nektarreichen Blüten wird es auch gern in Naturgärten angepflanzt. Seinen Namen trägt es, weil ein Tee aus den Blättern gut gegen Atemwegserkrankungen wie Husten hilft.

Hummeln fliegen auf Rosa

Für früh im Jahr fliegende Insekten ist es eine wichtige Nahrungsquelle – hier können sich Hummeln und Bienen mit Nektar voll tanken. Am liebsten fliegen sie die rosafarbenen Blüten an – sie sind frisch erblüht und enthalten mehr Nektar als die älteren, blauen Blüten.

Die Blätter sind rau behaart und oft weiß gefleckt.

Sumpf-Vergissmeinnicht

Typisch Kleine hellblaue Blüten mit gelber Mitte.

Nur Werbung! Die wespenähnlichen, aber harmlosen Schwebfliegen (Seite 28) landen gern auf Blüten mit gelben Staubbeuteln. Der gelbe Ring in der Mitte der Blüte ist aber nur eine Attrappe: Hier gibt es gar nichts zu naschen! Er soll nur Insekten anlocken. Um an Blütenstaub und Nektar zu gelangen, muss die Schwebfliege erst durch eine enge Röhre ins Innere der Blüte kriechen.

Der gelbe Ring lockt Insekten an.

Auch im Garten

Das Sumpf-Vergissmeinnicht wächst wild auf feuchten Böden – ob im Wald, am Grabenrand oder auf der Wiese. Es gibt aber auch Zuchtformen, die in Gärten gepflanzt werden. Sie kommen auch mit trockenen Böden zurecht und blühen schon früh im Jahr von März bis Mai.

30–80 cm

Kornblume

Typisch Ihre kornblumenblauen Blüten.

Blau im Korn Kornblumen fühlen sich in sonnigen Getreidefeldern besonders wohl. Bei der Ernte gelangen ihre Samen unter die Getreidekörner und werden so wieder mit ausgesät. Früher waren die Getreidefelder voller blauer Kornblumen. Heute entfernt man ihre Samen aus dem Saatgut und oft werden sie mit Giften bekämpft. So sind Kornblumen selten geworden.

Nur Attrappen!

Schau dir mal eine Blüte von Nahem an, dann siehst Du, dass das Blütenköpfchen aus ganz vielen Blütchen besteht. Die hübschen, größeren Blüten am Rand locken Insekten an, enthalten aber keinen Nektar. Der befindet sich nur in den winzigen Röhrenblütchen.

Die blauen Randblüten sind nur Attrappen!

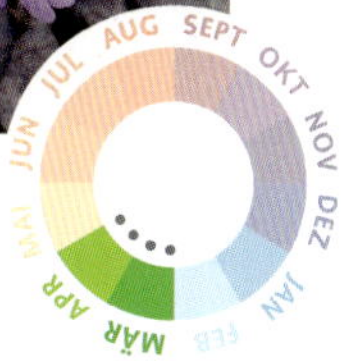

Leberblümchen

Typisch Lila Frühlingsbote im Laubwald. Die Blätter überwintern und sehen im Frühling nicht mehr sehr schön aus.

Märzblümchen Solange die Blätter im Laubwald sich noch nicht entfaltet haben, dringt das Sonnenlicht bis zum Waldboden vor. Hier nutzt das Leberblümchen jetzt schnell die Wärme, um seine Blüten zu entfalten. Viel Zeit hat es nicht zum Blühen: Im Mai wird es mit der Entfaltung der Baumblätter dunkel. Übrigens: Wo das Leberblümchen wächst, enthält der Boden immer viel Kalk!

Das Blatt hat die Form einer Leber.

Von Ameisen verschleppt

Im Mai hat sich die Blüte des Leberblümchens in eine Frucht verwandelt, in der viele kleine Samen reif sind. Jedes Samenkorn trägt ein weiches, nahrhaftes Anhängsel, das gern von Ameisen gefuttert wird (Seite 9): Die Ameisen verschleppen die Samen und sorgen so für ihre Ausbreitung.

5–10 cm

Wohlriechendes Veilchen

Typisch Kleines violettes Blümchen am Wegrand mit herzförmigen Blättern.

Parfum-Blume An diesen Blüten musst du unbedingt schnuppern: Sie enthalten ein Öl, das wunderbar duftet. Deshalb wurden Veilchenblüten zur Herstellung von Parfum benutzt. Ein anderer Name für das Blümchen ist März-Veilchen, weil es schon so früh im Jahr blüht. Für Bienen sind Veilchen eine wichtige Nektarquelle, denn so früh im Jahr blühen noch nicht viele Blumen.

Ameisen-Brötchen

Im Mai findest du am Veilchen Ameisen-Brötchen: So nennt man die kleinen, weichen Anhängsel an den Samen. Sie werden von Ameisen weggeschleppt und gefressen. Den harten Samen lassen sie liegen – an dieser Stelle kann daraus ein neues Veilchen wachsen!

Ameisen futtern gern das Ameisen-Brötchen.

Lupine

Typisch Blüht häufig in Lila, Rosa und Weiß an Straßenböschungen.

Heimat: Nordamerika Die meisten Lupinen gibt es in Nordamerika. Von hier wurden im Jahr 1826 die ersten Lupinen als Zierpflanzen nach Europa gebracht. Weil sie so hübsch blühen und nicht einmal gute Böden brauchen, wurden sie bald sehr beliebt und durften in vielen Gärten wachsen. Auch an Straßenböschungen werden sie oft angepflanzt, denn sie festigen und verbessern den Boden.

Achtung: Die Wolfsbohnen sind giftig!

Giftbohnen im Wolfspelz

Hast du schon einmal die Frucht einer Lupine gestreichelt? Sie sieht aus wie eine Bohne, trägt aber ein dichtes, graubraunes Fell. Daher kommt ihr Name: „Lupus“ bedeutet auf lateinisch „Wolf“. Ihre giftigen Samen werden deshalb auch Wolfsbohnen genannt.

10–20 cm

Gundermann

Typisch Blätter rundlich-herzförmig und am Rand gewellt.

Der kann kriechen Er kriecht oft weit über den Boden, bis er ein helles Plätzchen findet. Erst hier wächst der Stängel in die Höhe und entfaltet die helllila Blüten. Schau dir den Stängel mal an: Er ist 4-kantig und die Blätter daran stehen sich immer gegenüber. Botaniker nennen das **gegenständig**. Aus den Achseln der Blätter wachsen immer 2–3 Blüten.

Gundermann-Marmelade

Wenn der Gundermann blüht, ist auch der Rhabarber reif: Schäle 500g Rhabarber, schneide ihn klein und gib ihn mit 250 g Gelierzucker und 1 Handvoll klein geschnittenem Gundermann in einen Topf. Kurz aufkochen und in ein sauberes Marmeladenglas füllen. Lecker!

Die Blüten wachsen in den Blattachseln.

Günsel

Typisch Blüten stehen gehäuft am Stängelende (vergleiche Gundermann auf der linken Seite).

Nicht verwechseln! Der Günsel hat viel mit dem Gundermann gemeinsam und kann mit ihm verwechselt werden. Die Blüten sind klein und lilablau, sein Stängel ist 4-kantig und die Blätter stehen sich immer genau gegenüber. Im Unterschied zum Gundermann hat der Günsel am Boden aber eine Blattrosette ausgebildet und seine Blüten stehen hauptsächlich gehäuft am Stängelende.

Die Oberlippe ist beim Günsel nur winzig klein.

Hitliste für Schmetterlinge

Schmetterlinge fliegen auf Blüten mit viel süßem Blütennektar. Auf der Hitliste der beliebtesten Schmetterlingsblumen stehen Lichtnelke, Salbei, Storchschnabel, Taubnessel, Veilchen und der Günsel. Hier kannst Du oft Schmetterlinge entdecken. Sieh selber nach!

30–100 cm

Natternkopf ☠

Typisch Borstig behaart, Blütenfarbe Rosa und Blau bis Violett.

Farbenzauberei! Wo der Boden sandig, steinig oder lehmig ist wie auf Bahndämmen oder in Kiesgruben, findest du den faszinierenden Natternkopf. Seine Blütenstände sind zunächst aufgewickelt – nach und nach rollen sie sich beim Aufblühen auseinander. Dabei sind die Knospen und jungen Blüten noch Rosa – allmählich aber verwandeln sie sich in ein strahlendes Blau oder Lila.

Du kannst auch zaubern!

Wenn du eine blaue Blüte vom Natternkopf abzupfst und in einen Ameisenhaufen wirfst, färbt sie sich wieder rosa! Die Ameisen bespritzen den „Feind“ mit Ameisensäure – die Säure „zaubert“ wieder das Rosa hervor. Tipp: Mit ein paar Spritzern Essig funktioniert's auch.

Die Blüte erinnert an den Kopf einer züngelnden Schlange.

Blauer Eisenhut

Typisch Tief violette Blüte mit „Ritterhelm".

Pfeilgift Er enthält eines der stärksten Pflanzengifte überhaupt, das sogar heile Haut durchdringen kann! Also: Nicht berühren! Er wächst wild nur im Bergland und angepflanzt in vielen Gärten – viele Erwachsene wissen nicht, wie gefährlich er ist! Viele Kulturen benutzten ihn, um ihre Pfeile damit zu vergiften und auch der römische Kaiser Claudius wurde mit Eisenhut getötet.

Nicht anfassen! Alles an dieser Pflanze ist extrem giftig!

Nektarraub

Im Blütenhelm befindet sich der Blütennektar des Eisenhuts. Nur Hummeln mit langen Rüsseln können ihn erreichen und werden dabei mit Blütenstaub eingepudert. Kurzrüsslige Hummeln beißen den Helm oft einfach von hinten auf und leisten so keine Bestäubungsarbeit.

5–30 cm

Breitwegerich

Typisch Löffelförmige Blätter mit 5–7 Nerven.

Fußstapfen des Weißen Mannes Wo der Weiße Mann ins nordamerikanische Indianerland vordrang, konnte man seinen Weg gut verfolgen: Denn überall am Weg wuchs der Breitwegerich! Den gab es vorher in Nordamerika nicht. Die ersten Siedler brachten ihn auch nicht absichtlich mit. Seine Samen klebten einfach an ihren Schuhsohlen und wo sie abfielen, da keimten sie zu neuen Pflanzen heran.

Die Blattrosette hält Tritten Stand.

Klebrige Samen

Die Blüten sind winzig und stehen dicht an dicht in einer langen Ähre. Die Samen quellen bei Nässe auf und werden dann klebrig. So haften sie an den Füßen von Mensch und Tier und der Breitwegerich kann völlig unbemerkt immer neue Gebiete besiedeln.

Spitzwegerich

Typisch Blattrosette am Boden aus Blättern wie Lanzen, unscheinbare Blütenähre.

Balsam gegen Insektenstiche Gib 40 ml Olivenöl und eine Handvoll gewaschenen und mit der Schere zerschnittenen Spitzwegerich in einen Topf und erwärme es langsam. Gieße das Öl durch ein Geschirrtuch in einen zweiten Topf. Gib 4 g Bienenwachs (aus der Apotheke) dazu und erwärme es erneut bis alles flüssig ist. Die erkaltete Masse kannst du in saubere Döschen füllen.

Man nennt ihn auch Indianerpflaster.

Erste Hilfe am Wegesrand

Spitzwegerich findest du praktisch überall am Wegesrand. Einfach 1–2 Blätter pflücken, in der Hand zerquetschen bis etwas Saft austritt, mit Spucke vermischen (desinfiziert) und auf den Stich legen. Das kühlt, nimmt den Schmerz und wirkt bakterientötend.

15–30 cm

Wald-Bingelkraut

Typisch Frühblüher in feuchten Wäldern.

Männlich oder Weibchlich? Das Wald-Bingelkraut hat ganz besondere Blüten: Bei ihm sind weibliche und männliche Teile der Blüte auf verschiedenen Pflanzen verteilt. Es gibt also rein weibliche und rein männliche Pflanzen! Die „Damen" erkennst du daran, dass aus ihren grünlichen Blüten nur 2 winzige, weiße Narben herausschauen. Bei den „Herren" hat jede Blüte bis zu 20 Staubfäden mit kleinen Pollensäckchen. Schau' einmal, ob du beide findest!

Stinkt nach Fisch

Schnuppere an den Blüten und Blättern – sie riechen beide fischig. Außerdem ist das Kräutlein ein Sickerwasser-Zeiger (Bioindikator): Wo schöne Bestände von Wald-Bingelkraut wachsen, da weißt du sofort: Hier muss Sickerwasser im Boden sein.

Es gibt männliche und weibliche Pflanzen.

Brennnessel

Typisch Grob gesägte Blätter, die bei Berührung brennende Quaddeln auf der Haut hinterlassen.

Liebling der Schmetterlinge Die meisten Menschenkinder lieben Brennnesseln nicht. Die meisten Schmetterlingskinder schon! Ihnen macht das Brennen nichts aus, sie sind genau die richtige Nahrung für sie. So essen die Raupen von 36 Schmetterlingsarten tatsächlich nichts lieber als Brennnesseln. Darunter sind so schöne Arten wie Admiral, Distelfalter, Tagpfauenauge, C-Falter und Kleiner Fuchs.

Die Brennhaare enthalten eine juckende Flüssigkeit.

Schau auf meine Blätter

Nimm dir ein bisschen Zeit, einfach in ein Brennnessel-Gebüsch zu schauen. Du wirst staunen, wie viele Tiere du da zu sehen bekommst! Grashüpfer, Zikaden, grünmetallische Käfer, Spinnen und wenn du genau schaust, wirst du auch viele kleine, gefräßige Schmetterlingsraupen entdecken.

60–200 cm

Beifuß

Typisch Blätter gefiedert, von unten weißfilzig. Duften beim Zerreiben aromatisch.

Beschützer der Wanderer Meist wird der Beifuß am Wegesrand gar nicht wahrgenommen, so unscheinbar sind seine Blätter und Blüten. Die alten Römer kannten die Heilkraft, die er auf müde Füße hat. Sie banden sich vor Wanderungen und Läufen eine Beifuß-Pflanze ans Bein oder legten sich zur Erfrischung Beifuß-Blätter in ihre Sandalen. Nach der Wanderung hilft ein Fußbad in Beifuß-Tee!

Tanz mit dem Gürtel

Bei den alten Germanen war es Sitte, mit einem aus Beifuß geflochtenen Gürtel um das Sonnenwendfeuer am 21. Juni zu tanzen. Anschließend wurde der Gürtel im Feuer verbrannt. Das sollte in der nun kommenden, dunkleren Jahreshälfte vor Krankheit und bösem Zauber schützen.

Die winzigen Röhrenblüten stehen dicht beieinander.

Mais

Typisch Ein riesiges Gras, das auf Äckern angebaut wird. Am Stängel mit den typischen Maiskolben.

Popcorn selbst gemacht Der in Europa angebaute Mais wird vor allem zu Tierfutter verarbeitet. Aber auch Popcorn wird aus Mais gemacht. Am besten schmeckt es selbst gemacht: Eine Tüte Popcorn-Mais kaufen, etwas Öl in einen großen Topf mit Glasdeckel geben und jeweils 20–30 Maiskörner dazu. Der Mais knallt und hüpft beim Erhitzen und verwandelt sich in Popcorn! Lecker mit etwas Zucker oder Salz.

Unter den Hüllblättern wachsen die Maiskörner.

Der Mais und die Indios

Die Erfinder des Mais waren die amerikanischen Indios: Sie züchteten ihn im Lauf langer Zeiträume aus einer Wildgrasart namens Teosinthe. Christoph Kolumbus brachte den Mais nach Europa, wo bis heute viele verschiedene Sorten gezüchtet wurden.

50–100 cm

Weizen

Typisch Riesige Getreidefelder, erst grün, dann gelb, die im Hochsommer abgeerntet werden.

Nudeln und Brot Nach Mais und Reis ist der Weizen das dritthäufigste Getreide der Welt. Meistens wird Winterweizen angebaut: Im Herbst sät der Bauer ihn ein und erntet ihn im nächsten Hochsommer mit dem Mähdrescher. Aus den Körnern wird ein feines, helles Mehl gemahlen, das gut klebt und sich deshalb hervorragend zu Nudeln und Brot verarbeiten lässt. Die Halme werden zu Stroh als Einstreu für Tiere.

Wie viele Körner kannst du zählen?

Vor etwa 4000 Jahren baute man das Einkorn an, das nur ein Korn in jeder kleinen Kammer am Halm hat. Die Ägypter hatten schon ein Getreide mit 2–3 Körnern pro Kammer, den Emmer. Daraus wurde unser heutiger Weizen gezüchtet. Zähl mal, wie viele Körner da drin sind!

Dichte Ähre ohne oder mit ganz kurzen Grannen.

Gerste

Typisch Gerstenfelder schillern in der Sonne. Die alljährliche Getreideernte beginnt meist mit der Wintergerste.

Tierfutter und Bier Gerste zählt zum ältesten Getreide der Menschheit. Schon vor 12 000 Jahren wurde es im Orient angebaut und seit 7000 Jahren auch in Mitteleuropa. Gerste stellt weniger Ansprüche an den Boden als Weizen. Sie gedeiht auch in trockenen und gebirgigen Gebieten. Hauptsächlich wird Gerste als Futter für Hühner und Schweine angebaut, aber auch, um daraus Bier zu brauen.

Die Grannen sind länger als die Ähre.

Von der Gerste zum Malz

Malzbier, Malzkaffee und Malzbonbons – kennst du die? Um diese Leckereien herzustellen, braucht man Malz. Dazu wird Gerste 1 Woche eingeweicht, bis sie keimt und ein wenig süß schmeckt. Nun trocknet man sie wieder und macht Pulver daraus: das Malz!

60–200 cm

Roggen

Typisch Roggenfelder sehen grünblau aus.

Kerniges Brot Ein Brot, das aus Roggenmehl gebacken wurde, ist dunkler und schwerer als Weizenbrot. Es trocknet auch langsamer aus und bleibt viel länger frisch. Mischbrote und Vollkornbrote bestehen zum Teil aus Roggen. Von allen Getreidesorten macht dem Roggen Trockenheit, Nässe und Winterkälte am wenigsten aus. Er gedeiht sogar noch auf nährstoffarmen Böden. Zudem enthält er viele Vitamine und Mineralstoffe und kräftigt den Menschen.

Roggen statt Reis

Weiche 100 g ganze Roggenkörner über Nacht in 200 ml Wasser (ohne Salz!) ein. Am nächsten Tag 50–60 Minuten in Wasser köcheln und noch 30 Minuten nachquellen lassen. Nach Geschmack salzen und würzen. Schmeckt lecker in Salaten, Suppen oder als Beilage.

Seine Grannen sind halb so lang wie die Ähre.

Hafer

Typisch Einziges Getreide, bei dem die Körner nicht in Ähren stehen, sondern in sogenannten Rispen hängen.

Haferfresser! Als die Römer in den Norden zogen, sahen sie, dass die Germanen Pferdefutter aßen – nämlich Hafergrütze! Verächtlich bezeichneten die Römer die Germanen als Haferfresser. Sie selbst gaben Hafer nämlich nur ihren Tieren. Heute weiß man, dass er tatsächlich besonders gesund ist – auch für Menschen. Er enthält Mineralstoffe, Spurenelemente wie Eisen und Zink sowie Vitamine.

Daraus werden Haferflocken.

Müsli zum Frühstück

Viele Müslis enthalten Haferflocken und lassen dich deshalb gesund und gekräftigt in den Tag starten. Probier dein Müsli doch mal mit Naturjoghurt und frischen Früchten wie Himbeeren oder Wald-Erdbeeren. Da sind deine Vitamine für den ganzen Tag drin! Tipp: Müsli ist auch eine gesunde Zwischenmahlzeit!

Wo im Buch steht was?

Bildquellen

Die Umschlagfotos und die Fotos des Innenteils stammen von Frank Hecker mit Ausnahme des folgenden: Christine Schneider: S. 50. Die Zeichnungen fertigte Lutz-Erich Müller, Leipzig, mit Ausnahme der folgenden: Fariba Gholizadeh: Fuchs-Illustrationen des Umschlags und des Innenteils; Paschalis Dougalis: S. 3 und 4

Haftung

Die in diesem Buch enthaltenen Empfehlungen und Angaben sind von den Autoren mit größter Sorgfalt zusammengestellt und geprüft worden. Eine Garantie für die Richtigkeit der Angaben kann aber nicht gegeben werden. Autoren und Verlag übernehmen keinerlei Haftung für Schäden und Unfälle.
Der Verlag Eugen Ulmer ist außerdem nicht verantwortlich für den Inhalt von Links.

Bibliografische Information der Deutschen Nationalbibliothek
Die Deutsche Nationalbibliothek verzeichnet diese Publikation in der Deutschen Nationalbibliografie; detaillierte bibliografische Daten sind im Internet über http://dnb.d-nb.de abrufbar.

Wollgrasweg 41, 70599 Stuttgart (Hohenheim)
E-Mail: info@ulmer.de
Internet: www.ulmer.de
Umschlagentwurf, Innenlayout: Wiebke Hengst, Ostfildern
Lektorat: Ina Vetter, Christine Schneider
Herstellung: Silke Reuter
Druck und Bindung: Offizin Andersen Nexö, Zwenkau
Printed in Germany

ISBN 978-3-8001-8243-5

Naturwerkstatt
Blumen pressen und sammeln

Wenn du draußen unterwegs bist und eine Blume bestimmt hast, dann kannst du sie zu Hause pressen und dir eine eigene Pflanzensammlung anlegen. Es macht Spaß, so ein eigenes, ganz persönliches Nachschlagewerk zu haben.

Eine Blumenpresse selber bauen

Das brauchst du: 2 Sperrholzplatten DIN-A4 (mindestens 5 mm dick), Schleifpapier, Bohrmaschine mit Bohrer (etwa 6 mm), 4 Flügelmutter-Schrauben, Zeitungspapier, Karton, Schere, Wasserfarben

Glätte zuerst die Kanten und Ecken der Sperrholzplatte mit dem Schleifpapier, damit du dir keine Splitter holst. Lege dann beide Platten genau übereinander.

Bitte eine Erwachsenen, dir an jede Ecke ein Loch mit der Bohrmaschine zu bohren – und zwar immer gleichzeitig durch beide Platten.

Damit die Platten später immer wieder genau aufeinander passen, ummale mit den Wasserfarben die übereinander liegenden Löcher jeweils in derselben Farbe.

Stecke von unten in jedes Loch eine Flügelmutter-Schraube mit der dazugehörigen Unterlegscheibe durch die beiden Platten. Ziehe sie von oben mit der Flügelmutter und Unterlegscheibe fest.

Schneide Pappen und Zeitungspapier so zurecht, dass sie genau in die Blumenpresse passen (auch zwischen die Schrauben!) und bemale deine Blumenpresse mit Wasserfarben.